Mary Rangel

A pesquisa de representação social como forma de enfrentamento de problemas socioeducacionais

IDÉIAS & LETRAS

Diretores editoriais:
Carlos Silva
Ferdinando Mancílio

Editores:
Avelino Grassi
Roberto Girola

Coordenação editorial:
Elizabeth dos Santos Reis

Revisão:
Mônica Guimarães Reis

Projeto gráfico e editoração:
Fábio Sgroi

Capa:
Fábio Sgroi

Dados Internacionais de Catalogação na Publicação (CIP)
(Câmara Brasileira do Livro, SP, Brasil)

Rangel, Mary
A pesquisa de representação social como forma
de enfrentamento de problemas socioeducacionais /
Mary Rangel. -- Aparecida, SP : Idéias & Letras, 2004.
Bibliografia.

ISBN 85-98239-11-9

1. Problemas sociais 2. Psicologia social
3. Representação do conhecimento (Teoria da
informação) - Pesquisa 4. Sociologia educacional
I. Título.
04-1500 CDD-302.15072

Índices para catálogo sistemático:

1. Pesquisa : Representação social : Psicologia social : Sociologia 302.15072
2. Representação social : Pesquisa : Psicologia social : Sociologia 302.15072

IDÉIAS & LETRAS

Rua Padre Claro Monteiro, 342 – Centro
12570-000 Aparecida-SP
Tel. (12)3104-2000 – Fax (12) 3104-2036
Televendas: 0800 16 00 04
vendas@redemptor.com.br
http//www.redemptor.com.br

Sumário

Sumário

Apresentação

Este livro traz a professores e alunos interessados na pesquisa de representação social (RS) quatro estudos sobre temas relacionados a questões candentes da sociedade contemporânea. Considerando o princípio da contextualização do ensino, esses temas interessam a todas as disciplinas de cursos de formação de professores, inserindo-se em programas de sociologia, filosofia, ética, políticas públicas e outros que constituem conteúdos dos fundamentos da educação.

Para os leitores interessados em pesquisa, de modo geral, e em pesquisa de representações, de modo especial, os capítulos deste livro oferecem explicações sobre a base teórica da RS, focalizando conceitos e categorias de análise, assim como informam sobre a metodologia, seus princípios e pressupostos teóricos e sua forma de aplicação.

Desse modo, os textos podem atender aos interesses na teoria e métodos da pesquisa de RS, pelo modo como apresentam seu encaminhamento, incluindo o problema e suas motivações, a fundamentação, pelas pesquisas da RS, a concepção teórica e as práticas do método, as análises e conclusões.

A apresentação, no campo da Psicologia Social, assume, principalmente, as preocupações com problemas sociais concretos. Essas preocupações estão nas origens e motivos da construção da teoria e permanecem enfatizadas por seu autor, Serge Moscovici[1].

Assim, apresenta-se este livro, confiando em suas contribuições e nas trocas que poderão estimular entre leitores e autora[2], no interesse de aproximações de perspectivas e aplicações no ensino e na pesquisa.

---

1 Em diálogo com pesquisadores, na III JORNADA INTERNACIONAL e I CONFERÊNCIA BRASILEIRA SOBRE REPRESENTAÇÕES SOCIAIS, realizada no Rio de Janeiro, de 2 a 5 de setembro de 2003, Serge Moscovici faz um apelo no sentido de sua atenção a problemas e conflitos sociais.

2 As comunicações dos leitores poderão ser para o e-mail mrangel@abel.org.br.

A representação social no enfrentamento do fracasso escolar

A motivação deste estudo foi construída ao longo da trajetória acadêmica da pesquisadora, marcada por uma produção nos campos da didática e da construção de seus objetos à luz da teoria de representação social, na perspectiva moscoviciana.

Nessa trajetória, encontram-se as pesquisas que antecedem e suscitam este estudo, que se desenvolve como um ensaio. As pesquisas que antecedem este ensaio trazem apelos sensíveis à busca de metodologias que auxiliem a aprendizagem através de processos que tragam mais significados da ou para a vida cotidiana aos conceitos teóricos (Rangel, 1990, 1992, 1994, 1995 a, 1998 a, 2002 a).

Nas pesquisas que constituíram teses de Concursos para Professora Titular de didática, na Universidade Federal Fluminense (Rangel, 1994), e da área de ensino-aprendizagem, na Universidade do Estado do Rio de Janeiro (Rangel, 1995 a), manteve-se a mesma preocupação no sentido de que o ensino se realize para que haja aprendizagem, vencendo o problema, persistente e recorrente, do fracasso escolar.

Assim, no curso de todas essas pesquisas, e confirmando-se na de Pós-Doutorado, quando se puderam configurar elementos do estado da arte da pesquisa de representação social na área de ensino-aprendizagem (Rangel, 1998a), observaram-se as preocupações e problemas relativos a dificuldades de aprendizagem dos alunos, tanto no ensino fundamental, quanto no ensino médio, procurando-se, então, pontuá-los e divulgá-los em publicações que pudessem auxiliar seu debate (Rangel, 1995 b, 1996, 1997, 1998 b, 1999, 2000, 2001, 2002 b).

Desse modo, chega-se a este trabalho com motivos relevantes, que o estimulam , e uma bagagem de estudos (recorrentes à teoria de representação social) e experiências em didática, nas quais procurou-se percebê-la enquanto campo de investigação de fundamentos e alternativas metodológicas que se formulam no interesse de favorecer o ensino-aprendizagem. Esse mesmo interesse, essa mesma procura, motivam e justificam este ensaio.

Portanto, é de forma sustentada por toda uma construção e vivências anteriores que se propõem estas considerações sobre a possibilidade de aplicação didática da teoria de representação social.

Com essa proposta, e mediante reflexões que encaminham raciocínios no campo teórico da representação social, aplicada à didática, este estudo desenvolve-se com os seguintes objetivos, que têm, como questão de fundo, a procura de alternativas metodológicas à superação do problema do fracasso escolar:

- Enfatizar o sentido das representações como forma de conhecimento prático, reunindo argumentos no interesse de demonstrar que o modo como as representações são "construídas e adquiridas" (Moscovici, 2001, p. 62) também pode ser considerado no modo como se constroem e adquirem os conceitos teóricos.
- Introduzir a perspectiva de aplicação da teoria de representação social ao processo de ensino-aprendizagem, sugerindo aos pesquisadores que aprofundem estudos nesse âmbito temático.
- Sugerir aos educadores a consideração à possibilidade de aplicação didática de categorias da representação social, com particular atenção à sua estrutura e aos princípios e noções que fundamentam e explicam o núcleo central e os elementos periféricos.
- Propor aos educadores que considerem, sistematizem, pratiquem, testando em pesquisas experimentais, uma possível" técnica de ensino-aprendizagem de conceitos", conforme se propõe neste ensaio.

Com esses objetivos, este trabalho também participa do movimento em favor da consolidação do vínculo entre ensino e pesquisa (Rosa e Souza, Orgs., 2002; Leahey e Harris, 2000; Ochoa, 2000; Fazenda, 1998; Perrenoud et al., Orgs., 2001, Brasil, 1999), considerando que a procura de princípios e práticas que auxiliam a aprendizagem seja uma das preocupações essenciais do professor-pesquisador.

Assim, investigam-se e reúnem-se premissas teóricas e argumentos, através dos quais se procura alcançar os objetivos pretendidos. E, por seu estilo e proposta, sustentados pelos aportes que se apresentam no próximo segmento, a argumentação foi construída adotando-se o ensaio como opção metodológica.

O ensaio como opção metodológica

Embora se constate, atualmente, a preocupação de pesquisadores de representação social com maior rigor metodológico, encontram-se também endossos teóricos (como os trabalhos de Moscovici, 1988 e Lefebvre, 1983) a alternativas mais flexíveis de produção do conhecimento, desde que, naturalmente, adequadas ao seu propósito e proposta.

Vale, também, notar a posição de Moscovici (2001) favorável à convergência entre diversas áreas em torno das representações sociais, desejando que "... essa convergência resulte em comunicação e colaboração mais estreitas, uma fecundação recíproca dos trabalhos" (p. 46). Essa posição favorece a recorrência ao ensaio, como forma de produção de conhecimento reconhecida e utilizada em diversas áreas.

Enfoques como os de Cardoso e Malerba (Orgs., 2000) e Moreira e Oliveira (Orgs., 1998) também corroboram o princípio de que, não só a pesquisa de representações encontra-se em diferentes áreas, como também obtém nessas áreas subsídios a formas de construção de seus objetos. Considerações desse teor sustentam a recorrência ao gênero ensaístico, de crescente valorização na história, antropologia, literatura e filosofia (Burke, 1987).

Para a caracterização metodológica do ensaio, escolheram-se aportes de Burke (1987), Pinto (1998), Arrigucci Junior (1973), Bauer e Gaskell (2002), iniciando-se pela definição semântica de Ferreira (1986).

Do ponto de vista semântico, pode-se compreender o ensaio como uma "dissertação mais curta e menos metódica do que um tratado formal e acabado" (Ferreira, 1986, p. 77). Esse desenho menos rígido e mais flexível de análise, que suscita e sugere continuidade, seja para confirmações, seja para questionamentos, encontra também respaldo em Moscovici (1978, p. 35), quando se refere ao seu próprio estudo como "provisório e aberto".

Burke (1987) considera que o ensaio, como gênero literário e gênero de pesquisa, representa uma fonte expressiva de produção de conhecimento de inesgotáveis possibilidades. Nas considerações ao ensaio, *não só como gênero literário, mas também como gênero de pesquisa, de produção científica, teórica e logicamente* sustentada de conhecimento, exemplificam-se, como ensaístas de reconhecida consideração científica, Richard Rorty, na filosofia, Clifford Geertz, na antropologia, e Carlo Ginzburg, na história. Assinala-se, então, especialmente, que o estilo ensaístico evita afirmações e definições conclusivas, assim como não pretende e não propõe generalizações.

Pinto (1998, p. 38) também sublinha o antidogmatismo do ensaio, cuja forma caracteriza-se por análises fundamentadas e articulações de raciocínios, seguindo uma "estratégia geral de enunciação".

Reconhecendo essas mesmas características, Arrigucci Junior (1973, p. 16) pontua, no ensaio, a tentativa de apreensão do objeto e o encaminhamento de raciocínios que estabelecem "liames seguros entre as partes e o todo, travadas relações entre os elementos estruturais da argumentação". Argumentar e persuadir são estilos e propostas do ensaio.

Para compreender melhor a estratégia de persuasão, recorreu-se a Bauer e Gaskell (2002, p. 28), quando mencionam a retórica e a "arte de persuadir", assinalando que "... a pesquisa social científica é uma forma de retórica, com meios e normas específicas de engajamento". Na "arte de persuadir", observam-se o "logos, o pathos e o ethos". O "logos" refere-se à lógica e ao tipo de argumentos; o "pathos" refere-se ao apelo a que esses argumentos sejam reconhecidos, aceitos; o "ethos" refere-se aos fatores e fundamentos que conferem legitimidade e credibilidade à argumentação. E, no contexto de se comunicarem os resultados da pesquisa, o "ideal científico" das comprovações, sem "pathos" ou "ethos", é uma ilusão. Esse entendimento auxilia a pesquisa qualitativa no sentido de "considerar a metodologia da pesquisa social como meio retórico, através do qual as ciências sociais podem reforçar sua forma específica de persuasão" (Bauer e Gaskell, 2002, p. 28).

Todas essas considerações teóricas permitem reafirmar o ensaio como uma dissertação pouco extensa, na qual o autor/pesquisador constrói o seu objeto através de um encadeamento de raciocínios (lógicos, fundamentados), que estruturam sua argumentação.

Ainda, de acordo com o estilo ensaístico, esta dissertação não se encerra nos limites de seus termos e argumentos. Ao contrário, a inconclusão de um ensaio tem o especial valor de suscitar e sugerir o seu prosseguimento. E esse é um interesse significativo deste estudo, cujo objeto, a possibilidade de aplicação didática da teoria de representação social, constitui-se numa proposição ao debate dos pesquisadores, esperando-se persuadi-los a considerá-la em suas investigações, ampliando fundamentos, dados e análises, encontrando novas perspectivas, confirmando ou refutando as que este ensaio lhes oferece.

Resultados: a construção dos argumentos

Inicia-se este segmento com uma indagação: o que são "resultados" de um ensaio? A resposta, em Burke (1987) e Bauer e Gaskell (2002), é especialmente significativa: os raciocínios e fundamentos de sua argumentação. Como um ensaio, essa argumentação não se constituiu num "produto acabado", mas propõe-se como um conjunto articulado de análises, sustentadas por aportes moscovicianos, fazendo-se, oportunamente, menções a estudos de interesse didático.

Os argumentos à aplicação didática da estrutura da representação social (RS) iniciam-se por compreender, em Moscovici (1978, p. 62), que a representação, como *forma de conhecimento,* promove a "popularização" e "familiarização" do saber, trazendo-o para o "universo interior" dos sujeitos.

Um dos elos mais expressivos entre a incorporação do conhecimento no processo de formação das representações e a incorporação do conhecimento no processo de ensino-aprendizagem destaca-se, sem dúvida, nessa citação de Moscovici, quando aponta, na representação, o movimento pelo qual o indivíduo procura entender, trazer para o seu "universo interior", absorver o que está distante de sua compreensão e experiência. Esse movimento é, sem dúvida, uma referência importante ao processo de ensino-aprendizagem. E entre os muitos estímulos de Moscovici (2001, p. 63) à atenção dos pesquisadores às possibilidades e contribuições do estudo da representação social, nota-se o de que: "... Cada vez que um saber é gerado e comunicado – torna-se parte da vida coletiva – isso nos diz respeito. E, em particular, quando esses saberes, enquanto tais, servem para a solução de algum problema social...".

Encontra-se, portanto, nesse enfoque, mais um argumento a este ensaio, no qual se reconhece, na teoria de representação social, a possibilidade de contribuir ao ensino-aprendizagem, cujas dificuldades têm implicações em problemas sociais significativos, gerados pelo fracasso e pela exclusão escolar e social.

Na mesma linha de raciocínio, Jodelet (2001, p. 17) reafirma a importância das representações sociais, observando que são "criadas" pelos sujeitos para conhecer o mundo à sua volta e "resolver problemas". O saber constituído pelas representações ajuda a compreender, reconstituir, interpretar os objetos do cotidiano. E, referindo-se à relação sujeito-objeto e à representação mental, a autora exemplifica a representação pictórica, a política e a teatral, assinalando a condição de, pela reconstituição simbólica, superar a ausência e a distância do objeto e fazê-lo presente.

Quanto à representação teatral, é interessante também considerar Goffman (2002). Utilizando como parâmetro a representação e a linguagem do teatro, o autor focaliza a influência das representações nas relações e atividades dos indivíduos em seu contexto. Em síntese, os homens, os objetos, tanto no teatro como na vida cotidiana, tornam-se conhecidos, entre outros fatores, através da representação. Acentua-se, desse modo, o potencial da representação como forma de conhecimento.

A apreensão dos objetos, o conjunto de informações que sobre eles se formam no dia-a-dia, o campo que essas informações configuram, com núcleos fortes de significados, a imagem que reproduz, concreta e mentalmente, o objeto, são realçados por Santiago (2000), que destaca os processos sociocognitivos e socioafetivos da representação, intervenientes no grau de conhecimento dos objetos e na valorização que os sujeitos lhes atribuem. Especialmente o núcleo de significados (núcleo central) da representação e a imagem mental que sugere e transmite, favorecem a superação da dicotomia entre o universo interior e o universo exterior dos sujeitos.

Na superação dessa dicotomia, Abric (1998, p. 27), quando faz a "abordagem estrutural", destaca, enquanto "característica específica da representação social", a de "ser organizada em torno de um núcleo central, constituindo-se em um ou mais elementos, que dão significado à representação". Em torno desse núcleo, organizam-se os elementos periféricos que são os componentes estruturais,"mais acessíveis e mais vivos".

O núcleo tem função geradora, no sentido de criar ou transformar significados, e organizadora, no sentido de estabelecer elos entre esses significados. Os elementos periféricos têm três funções principais: a de constituir a interface entre o núcleo central e a situação concreta na qual a representação se forma, a de adaptar a representação às evoluções e alterações de contexto, a de preservar, manter, a representação (Abric, 1998).

Flament (2001) observa, também, que os esquemas periféricos confirmam, protegem, estabelecem mediações entre o núcleo central e a realidade, absorvendo possíveis diferenças e contribuindo para a situação"relativamente"estável da representação.

E, num profícuo diálogo com Flament e outros autores expressivos, como Abric e Farr, Celso Sá (1996) focaliza a teoria do núcleo central, destacando-o na estrutura da representação, e observando a sua complementação nos esquemas periféricos. Assim, o núcleo é enfatizado como o centro da organização das representações, no qual se condensam seus significados.

Embora reconheça posições teóricas que admitem a representação sem o núcleo central, Sá (1996), com base em Flament, considera a presença do núcleo como lugar no qual se condensam e consolidam as articulações da representação com o objeto da realidade a que se refere. Prosseguindo nessa perspectiva, quando trata da construção do objeto de representações, Sá (1998), lembrando Jodelet, reafirma a representação como forma de saber que liga o sujeito ao objeto.

Nessa mesma perspectiva, enfatizando a representação como atividade simbólica de (re)conhecimento dos objetos e destacando o seu "caráter tanto referencial como construtivista", Jovchelovitch (2000, p. 41) reconsidera a importância de levar em conta nas representações o modo espontâneo e criativo como reconstroem a realidade. Essa mesma ênfase é atribuída por Schopenhauer (2001), que reafirma o lugar do conhecimento na relação entre o sujeito e o objeto, o mundo, mediado pela representação social.

Desse modo, pontuando os significados que se centram e concentram no núcleo central, assim como os elementos ou esquemas periféricos que os complementam e reafirmam, revê-se, novamente, Abric, em Sá (1996, p. 54), quando caracteriza a noção de representação como o "produto e o processo de uma atividade mental pela qual um indivíduo ou um grupo reconstituem o real com que se confrontam e lhe atribuem uma significação específica". E pode-se, então, acrescentar que a atividade mental de reconhecimento, compreensão, assimilação, reconstrução psico e sociocognitiva de um objeto (Piaget, 1976; Vygotsky, 1998) é também a que elabora a aprendizagem.

Arnay (1998, p. 38), ao discutir questões epistemológicas do conhecimento cotidiano, escolar e científico, colabora com a argumentação, observando que a maneira como os indivíduos adquirem o conhecimento de senso comum, e a quantidade expressiva de informações, valores, crenças, expectativas que esse tipo de conhecimento incorpora e acumula, deveriam ser mais considerados nos processos escolares.

Chega-se, então, com essas premissas teóricas, a compor uma base de argumentos no sentido da transposição didática, ou seja, da transferência, da utilização didática (Leahey e Harris, 2000; Rosa e Souza, Orgs. 2002; Ochoa, 2000) da representação social, com atenção à sua estrutura.

Revê-se a representação social como forma de conhecimento dos objetos pelos sujeitos, tornando-os "familiares" (menos estranhos), trazendo-os do "exterior" para o "universo interior", "ancorando-os", sedimentando-os.

Se os objetos do conhecimento teórico são, em princípio, estranhos aos sujeitos; se a representação social é uma forma de conhecimento pela qual os objetos tornam-se "familiares" e são incorporados, assimilados, é possível reconhecer, na constituição das representações, o seu potencial didático.

O que se tem, na verdade, no encaminhamento (maneira, meio) pelo qual se constituem as representações, é um processo didático (de assimilação, compreensão) espontâneo, que pode ser sistematizado, previsto, empregado de forma mais organizada e com fundamentos da representação social, como recurso metodológico de ensino-aprendizagem.

Levando em conta o produto e a estrutura das representações, observa-se a importância de conceitos e, neles, de núcleos fortes de significados que os concretizam, e de elementos ou esquemas periféricos que, segundo Moliner (apud Sá, 1996), apresentam características do objeto da representação. Assim, mais ousadamente, porém de modo sustentado pela argumentação, pode-se pensar numa "técnica de ensino-aprendizagem" de conceitos, baseada em princípios da representação social.

Nesse ponto, é oportuno rever o sentido de método e técnicas de ensino e, nesse sentido, a sua origem etimológica, lembrando-se, com Lane (1997), a importância de notar os significados atribuídos às palavras na sua origem e processamento histórico-social. Assim, é recomendável observar que a etimologia da palavra método encontra-se no latim "methodus" que, por sua vez, origina-se do grego "meta", que significa objetivo, e "thodos", que significa o caminho, o percurso, o trajeto, os meios para alcançá-lo. A origem de "técnica" encontra-se no grego "technicu" e no latim "technicus". Etimologicamente, o significado de técnica é o de "artes", "processos" de se fazer algo, ou como fazê-lo, como realizá-lo.

Assim, o método é o caminho e a técnica é "como fazer", "como percorrer" esse caminho. A metodologia didática refere-se, então, ao conjunto de métodos e técnicas de ensino que se praticam com o objetivo de facilitar o encaminhamento da aprendizagem. Essa discussão é muito bem justificada e recuperada em sua importância nos estudos que se reúnem em torno da indagação: Técnicas de ensino, por que não? (Veiga, Org., 2000).

Se método é "caminho" e se técnica é como percorrê-lo, é interessante que a opção do professor seja por caminhos e formas que, de modo mais direto e significativo, conduzam à aprendizagem. Este ensaio oferece, então, ao professor, mais uma alternativa para essa opção, sem pretender que seja "nova" quanto à sua justificativa didática, mas sim "nova" nas referências teóricas da representação social (que fundamentam e ampliam a sua compreensão) e na proposta de sistematização do uso didático dessas referências. Essa sistematização é a que se apresenta, em seguida, como uma técnica ? "um como fazer" ? o ensino-aprendizagem, com atenção a conceitos, aos processos de conversação e interação (no curso dos quais as representações são formadas e incorporadas à vida e à linguagem social) e ao núcleo central de significados, seus elementos periféricos, assim como à sua aplicação e importância na prática, na experiência cotidiana.

Desse modo, o que, ensaisticamente, está se denominando "técnica de ensino-aprendizagem de conceitos", implica num fluxo integrado do fazer docente, conforme se apresenta, a seguir, esperando-se, principalmente, que toda esta formulação, suas premissas e propostas, instigue e provoque a pesquisa, especialmente a pesquisa experimental, que inclua planejamento e aplicações práticas da técnica por professores da escola básica, em diversas séries e conteúdos. Espera-se que novas pesquisas ampliem, confirmem, ou mesmo, refutem a proposta.

Nesse sentido, "ensaia-se" um fluxo (um encaminhamento integrado, articulado, contextualizado) de procedimentos do que se convencionou chamar de "técnica de ensino-aprendizagem de conceitos". Nesse fluxo, caberia ao professor:

- Introduzir a aprendizagem dos objetos do conhecimento pelos seus conceitos;
- Observar a estrutura de cada conceito, de acordo com referências da estrutura da representação social;
- Analisar, em cada conceito, o seu núcleo de significados;
- Analisar as noções complementares ao núcleo;
- A partir do núcleo de significados e das noções complementares, analisar a aplicação prática do conceito e sua importância na vida, no cotidiano escolar e social;
- Desenvolver as análises incentivando processos de conversação e interação entre os alunos.

Esse fluxo de procedimentos requer do professor a atenção ao tratamento conceitual dos conteúdos, de acordo com a seqüência de abordagens sugerida na técnica. Nesse aspecto, acredita-se que haja um ganho, tanto em nível da mobilização do estudo do próprio professor, com atenção aos significados estruturantes dos conceitos, como em nível das previsões dos planos de ensino e da dinamização das aulas.

Chega-se, desse modo, ao final dos"resultados"deste ensaio, ou seja, do seu conjunto de argumentações, reafirmando-se o seu caráter introdutório, a sua provisoriedade e abertura, a sua proposta de suscitar pesquisas empíricas, nas quais se planejem e experimentem, na prática de ensino de conteúdos de diversas áreas e níveis escolares, os procedimentos da "técnica de ensino-aprendizagem de conceitos", associada à base teórica da representação social que a sugere, explica, justifica, enfim, que lhe atribui razão e sentido.

Considerações finais

Na argumentação construída neste ensaio, procurou-se, principalmente, formular uma proposição aos educadores: que considerem, para efeito de aprofundamento teórico e pesquisa, as possibilidades de aplicação de categorias da representação social ao ensino-aprendizagem. Para que essa aplicação se efetive, é necessária, não só a ampliação da base teórica, como a pesquisa da e na prática didática, em diversas áreas de conhecimento.

Se o que se aspira, principalmente, é a superação de fatores de exclusão escolar, que, por sua vez, refletem na exclusão social; se um desses fatores é o do fracasso escolar, que reflete na auto-estima e na qualificação dos sujeitos em seus grupos, sua comunidade, é preciso ampliar alternativas e formas de enfrentamento desse problema; uma das formas de enfrentá-lo é procurar soluções práticas, concretas, às dificuldades de aprendizagem. E Moscovici (2001), não só autoriza, como estimula os pesquisadores a examinarem as contribuições da representação social aos problemas sociais.

O que este ensaio propõe não é novo, nos princípios didáticos, mas pode ser novo no modo de (re)ver o sentido da representação social como forma de conhecimento prático, aproveitando-o no processo de ensino-aprendizagem do conhecimento teórico.

Espera-se, portanto, que os procedimentos propostos como uma "técnica de ensino-aprendizagem de conceitos", sejam sistematizados em planos de ensino, aplicados, testados.

Em síntese, o modo como as representações são "construídas e adquiridas" (Moscovici, 2001, p. 62) também pode ser considerado no modo como se constroem e adquirem os conceitos teóricos.

Referências bibliográficas

ABRIC, Jean Claude. A abordagem estrutural das representações sociais. In: MOREIRA, Antonia Silva Paredes; OLIVEIRA, Denise Cristina de (Orgs.). **Estudos interdisciplinares de representação social**. Goiânia: AB, 1998, p. 27-37.

ARNAY, José. Reflexões para um debate sobre a construção do conhecimento na escola: rumo a uma cultura científica escolar. In: RODRIGO, Maria José; ARNAY, José (Orgs.). **Conhecimento cotidiano, escolar e científico**: representação e mudança. São Paulo: Ática, 1998.

ARRIGUCCI JUNIOR, Davi. **O escorpião encalacrado**. São Paulo: Perspectiva, 1973.

BAUER, Martin W.; GASKELL, George. Qualidade, quantidade e interesses do conhecimento. In: **Pesquisa qualitativa com texto, imagem e som**. Petrópolis: Vozes, 2002.

BRASIL. **Referenciais para formação de professores**. Brasília: Ministério da Educação, Secretaria de Educação Fundamental (MEC/SEF), 1999.

BURKE, Peter. **The historical antropology of early modern Italy:** essays on perception and communication. Cambridge [Cambridgeshire]; New York: Cambridge University Press, 1987.

CARDOSO, Ciro Flamarion; MALERBA, Jurandir (Orgs., 2000).

Representações: contribuição a um debate transdisciplinar. Campinas (SP): Papirus, 2000.

FAZENDA, Ivani (Org.). **A academia vai à escola**. Campinas (SP): Papirus, 1998.

FERREIRA, Aurélio Buarque de Hollanda. **Dicionário brasileiro da língua portuguesa**. Rio de Janeiro: Civilização Brasileira, 1986.

FLAMENT, Claude. Estrutura e dinâmica das representações sociais. In: JODELET, Denise. **As representações sociais**. Rio de Janeiro: EDUERJ, 2001, p. 155-172.

GOFFMAN, Erving. **A representação do eu na vida cotidiana.** Petrópolis: Vozes, 2002.

JODELET, Denise. Representações sociais: um domínio em expansão. In: **As representações sociais**. Rio de Janeiro: EDUERJ, 2001.

JOVCHELOVITCH, Sandra. **Representações sociais e esfera pública.** A construção simbólica dos espaços públicos no Brasil. Petrópolis: Vozes, 2000.

LANE, Silvia Tatiana Maurer. Linguagem, pensamento e representações sociais. In: LANE, Silvia T. M.; GODO, Wanderley (Orgs.). **Psicologia social**. O homem em movimento. São Paulo: Brasiliense, 1997.

LEAHEY, Thomas Hardy; HARRIS, Richard Jackson. **Aprendizaje y cognición**. Madri: Prentice Hall, 2000.

LEFEBVRE, H. **Lógica formal/lógica dialética**. 3 ed. Rio de Janeiro: Civilização Brasileira, 1983.

MOREIRA, Antonia Silva Paredes; OLIVEIRA, Denise Cristina de (Orgs.). **Estudos interdisciplinares de representação social**. Goiânia: AB, 1998.

MOSCOVICI, S. **A representação social da psicanálise**. Rio de Janeiro: Zahar, 1978.

___________. Das representações coletivas às representações sociais: elementos para uma história. In: JODELET, Denise (Org.). **As representações sociais**. Rio de Janeiro: EDUERJ, 2001.

___________. Notes towards a description of social representations. **European Journal of Social Psychology**, n. 18, p. 11-250, 1988.

OCHOA, Rafael Flórez. **Hacia una pedagogía del conocimiento**. Santafé de Bogotá, Colômbia: McGraw-Hill, 2000.

PERRENOUD, Philippe et al (Orgs.). **Formando professores profissionais**: Quais estratégias? Quais competências? Porto Alegre: Artmed, 2001.

PIAGET, J. **A equilibração das estruturas cognitivas.** Rio de Janeiro: Zahar, 1976.

PINTO, Manuel da Costa. **Um elogio do ensaio**. São Paulo: Ateliê Editorial, 1998.

RANGEL, Mary. A análise de conteúdo e a análise do discurso como opções metodológicas na pesquisa de representação social. **Cadernos Educação,** Pelotas (RS), v. 7, n. 11, p. 111-136, 1998 b.

___________. A pesquisa de representação social na área de ensino-aprendizagem: elementos do estado da arte. **Revista Brasileira de Estudos Pedagógicos**, Brasília (DF), v. 79, n. 193, p. 72-85, 2000.

___________. **"Bom aluno"**: real ou ideal? 1995 a. Tese do Concurso para Professora Titular da Área de Ensino-Aprendizagem da Universidade do Estado do Rio de Janeiro.

___________. **"Bom aluno"**: real ou ideal? Petrópolis: Vozes, 1996.

___________. **Das dimensões da representação do"bom professor" às dimensões do processo de ensino-apredizagem**, 1994. Tese do Concurso para Professora Titular de Didática da Universidade Federal Fluminense.

___________. **Dinamicas de lectura para um salon de classe**. Bogotá, Colômbia: American Press Service Editores, 1999.

___________. Ensino-aprendizagem: a persistente complexidade da dimensão política. **Contexto e Educação**, Unijui (RS), v. 13, p. 53-77, 1995 b.

___________. Fracasso escolar: de representações a soluções. **Revista Educação**, Porto Alegre, v. XXIV, n. 45, p. 133-140, 2001.

___________. **O professor médico e suas representações**. 2002 a. Projeto de pesquisa (Mestrado e Doutorado em Ciências Médicas), Universidade do Estado do Rio de Janeiro.

___________. **Representações do cotidiano em cartilhas de alfabetização**, 1990. Relatório de pesquisa (Mestrado em Educação), Universidade Federal Fluminense.

___________. **Representações do currículo e do conhecimento escolar, formadas por pais e professores**, 1992. Relatório de pesquisa (Mestrado em Educação), Universidade Federal Fluminense.

___________. **Representações e reflexões sobre o"bom professor"**. 6 ed. Petrópolis: Vozes, 2002 b.

___________. **Teoria de representação social**: o quadro teórico da psicologia social e aplicações atuais à pesquisa, na educação. 1998 a. Tese de Pós-Doutorado (Doutorado em Psicologia Social), Pontifícia Universidade Católica de São Paulo.

___________. The representations of the students, as a means of practical knowledge, and the learning of scientific knowledge at school. Linz, Austria, **Papers on Social Representations**, v. 6, n. 1, p. 51-58, 1997.

ROSA, Dalva E. Gonçalves; SOUZA, Vamilton Camilo de. **Didática e práticas de ensino**: interfaces com diferentes saberes e lugares formativos. Rio de Janeiro: DF & A, 2002

SÁ, Celso. **A construção do objeto de pesquisa em representações sociais**. Rio de Janeiro: EDUERJ, 1998.

____________. **Núcleo central das representações sociais**. Petrópolis: Vozes, 1996.

SANTIAGO, Rui A. **A escola representada pelos alunos, pais e professores**. Portugal, Aveiro: Universidade de Aveiro, 2000.

SCHOPENHAUER, Arthur. **O mundo como vontade e representação**. Rio de janeiro: Contraponto, 2001.

VEIGA, Ilma Passos Alencastro (Orgs.) **Técnicas de ensino**: por que não? Campinas (SP): Papirus, 2000.

VYGOTSKY, L. S. **Pensamento e linguagem**. 2 ed. São Paulo: Martins Fontes, 1988.

A representação no enfrentamento do problema da influência social da televisão

O propósito do estudo

Inicialmente é oportuno observar que as reflexões que se apresentam neste texto *não* se propõem a excluir ou penalizar a televisão como meio de lazer, arte ou cultura, mas apenas que sua inserção social seja feita com discernimento. Sem dúvida, nesse sentido, as leituras das representações sociais, seu conteúdo e mecanismos, têm subsídios importantes a oferecer. Assim, este estudo tem, como propósito, reacender o cenário da TV, recolocando-o em foco, sob a luz das representações sociais.

Com esse propósito, recorreu-se à teoria de representação social, seus mecanismos de formação, sua estrutura, para compreendê-la no conteúdo e efeitos do mundo televisivo: um mundo imagético no centro das atenções do mundo real. E o estudo de representações sociais tem, sem dúvida, subsídios importantes a oferecer à compreensão desse fenômeno.

Os enfoques teóricos da representação social tiveram, então, a finalidade de observar elementos da «construção representativa» (Jodelet, 2001, p. 21) que auxiliam a esclarecer fatores de *influência social* da TV, procurando compreendê-la na prática, através de representações de adolescentes, em idade e contexto escolar.

Esse encaminhamento teórico-prático orientou-se, portanto, pelos seguintes objetivos:

- Compreender fatores explicativos da possibilidade de influência da TV sobre o pensamento e a conduta social, através dos mecanismos e estrutura das representações, na perspectiva moscoviciana.
- Identificar possíveis efeitos da TV na prática, investigando-os através de representações de adolescentes em idade e contexto escolar.
- Contribuir à ênfase no uso educativo da TV, mediante a leitura crítica, incursiva, e o diálogo.

O primeiro objetivo orienta, então, os estudos que constituem a base teórica.

Na base teórica, os mecanismos e estrutura da representação social

Observando-se que o mundo virtual da TV é um mundo de representações, inicia-se pelo reconhecimento de sua possibilidade de interferência em condutas, crenças, expectativas, potencialmente capazes de influir na construção dos fatos, equivalente à maneira como os sujeitos os representam.

Essa possibilidade de influência das representações no pensamento e na conduta social é reafirmada por Jodelet (2001), sublinhando que, não só as representações formam-se nas comunicações, como exercem expressiva influência sobre elas:

Geralmente, reconhece-se que as representações sociais – enquanto sistemas de interpretação que regem nossa relação com o mundo e com os outros – orientam e organizam as condutas e as comunicações sociais (p. 22).

Para compreender a representação social (RS) como forma de conhecimento e de interpretação, é necessário observar a «construção representativa» (Jodelet, 2001, p. 21), com atenção aos seus mecanismos e à sua estrutura.

Os mecanismos de formação das representações, considerando-se o enfoque moscoviciano, são a objetivação e a amarração, ou ancoragem, ou ancoramento. Pela objetivação, se dá a concretização, a «materialização» de conceitos em imagens. Pela amarração, ancoragem ou ancoramento, assimilam-se ou adaptam-se as novas informações aos conceitos e imagens já formados, consolidados e «objetivados».

Na referência de Moscovici (1978) à objetivação, destacam-se os processos de «materialização», «classificação» e «naturalização». Materializar, concretizar, configurar imagens, explicam a objetivação, que «faz com que se torne real um esquema conceitual, com que se dê a uma imagem uma contrapartida material...» (Moscovici, 1978, p. 112). Desse modo, «objetivar é reabsorver um excesso de significações, materializando-as...» (p. 111).

Naturalizar, ou seja, atribuir um estatuto de realidade, e classificar, ou seja, formar categorias explicativas dessa realidade, são «operações essenciais de objetivação». Como exemplo de classificação e naturalização, o autor observa que «...Depois do aparecimento da Psicanálise, já não se diz apenas que um indivíduo é teimoso ou brigão; diz-se também que é agressivo ou recalcado» (Moscocivi, 1978, p. 113).

O autor enfatiza, também, na objetivação (e classificação explicativa do real) a construção seletiva, na qual se faz a seleção de elementos da informação, e a esquematização estruturante, na qual se faz a organização esquematizada desses elementos.

Ao tratar da objetivação e ancoragem, Vala (1986) observa que são processos concomitantes e interrelacionados. O processo de objetivação tem duas etapas. A primeira, que associa o objeto à sua imagem; a segunda, que incorpora à imagem a «materialização» da realidade social.

A primeira etapa da objetivação caracteriza-se pela construção seletiva e pela esquematização estruturante, nas quais os aspectos do objeto representado se reorganizam, formando um modelo figurativo e simplificado desse objeto. Na segunda etapa, a *naturalização,* a idéia (abstrata) do objeto passa a constituir-se em realidade, ou seja, *incorpora a natureza do real.*

Por isso, volta-se a Jodelet (2001, p. 27), para observar que «a representação social tem com seu objeto uma relação de simbolização (substituindo-o) e de interpretação (conferindo-lhe significações)». Esse, sem dúvida, é um ponto nodal da teoria, reafirmado em Moscovici (2001) e adotado por pesquisadores na construção específica de seus objetos, a exemplo (entre tantos) de Schopenhauer (2001), Santiago (2000), Goffman (2002), Arruda (Org., 1998), Rangel (1997, 2000, 2001), cujos estudos fundamentam-se, principalmente, na absorção e projeção de significados que se condensam e sedimentam na estrutura da representação social.

Nos estudos de Goffman (2002), Schopenhauer (2001) e Arruda (Org., 1998) enfatizam-se, especialmente, a repercussão da RS, não só nas significações que os sujeitos atribuem aos objetos, como naquelas que atribuem a si próprios, delineando a maneira como se vêem e vêem «o outro».

Abric (1998), Flament (2001) e Sá (1996) aprofundam as questões da estrutura da representação, com um núcleo central, figurativo, onde se sintetizam e sincretizam os significados essenciais, e os elementos periféricos, que caracterizam, apóiam, confirmam e protegem o núcleo.

O núcleo, embora suscetível de discussões quanto à centralidade de significados (Moliner, apud Flament, 2001), tem um expressivo reconhecimento como espaço de coerência e de organização dos sentidos da RS.

E Abric (1998) observa que os fatores que determinam o núcleo central são a natureza do objeto, a relação que o sujeito estabelece com ele e a situação na qual se insere a representação.

Em diálogo com Flament e Abric, Sá (1996) considera as questões da essencialidade do núcleo, detalhado e protegido pelos elementos periféricos, que contribuem à sua estabilidade.

Nesse sentido, a leitura dos mecanismos e componentes estruturais da representação social auxilia a compreender como os textos televisivos, seus conceitos, imagens, mensagens, podem ser absorvidos, ancorados, *naturalizados* no pensamento, na conduta, nas avaliações e relações sociais. Nesse processo, destaca-se, particularmente, a «naturalização».

Com essas referências, chega-se a alguns dos estudos brasileiros que discutem efeitos da TV. A primeira constatação que se faz, ao rever a literatura, é que essa discussão vem ocorrendo há várias décadas, desde o advento da televisão, em 1950, na fase de crescimento industrial. No início dos anos 60 já existiam no Brasil quinze canais de TV, nos centros de maior concentração urbana. Dos anos 70 a 2000, incrementam-se os estudos que oferecem fundamentos históricos, políticos, sociológicos, psicossociais à crítica da TV. A segunda constatação é a de que, embora, nessa discussão, encontrem-se ressalvas a aspectos positivos, em termos culturais e de lazer, prevalecem (e permanecem) as preocupações e questionamentos.

Assim, sem a pretensão de configurar o estado da arte da discussão da TV *produzida* ou *considerada* no Brasil, mas apenas apontar nas três últimas décadas (anos 70 a 2000) alguns dos trabalhos significativos, nos quais encontram-se fundamentação crítica de base sociológica, histórica, política, psicossocial e educacional, exemplificam-se os estudos de Sodré (1977), Japiassu

(1980), Bourdieu (1996), Berger (1981), Távola (1985, 1990), Campedelli (1990), Guareschi (Coord., 2000), Pereira e Miranda (1992), Lacerda Junior (1999), Mattos (2002). Na relação entre TV e processo educacional, *exemplificam-se* os estudos de Carlssone e Von Feiltzen (1999), Bastos (1988), Marcondes, Menezes, Thoshimitsu (2000), Ghiraldelli (Org., 1996), Abramovich (1986), Almeida (1981), Bellow (1991), Penteado (1996), Rezende (1990), Souza (1990), Teixeira (1997).

A partir dessa base teórica, observando-se a constância e permanência das preocupações com os efeitos da TV, e examinando-se a constituição representativa, *com atenção ao núcleo central de significados e elementos periféricos,* chegou-se a uma investigação empírica, envolvendo um grupo de adolescentes em idade e contexto escolar, no interesse de identificar possíveis efeitos da TV na prática.

Efeitos da TV na prática: metodologia e resultados da investigação

Com o objetivo de verificar possíveis efeitos da TV na prática, e tomando-se como referência os mecanismos e estrutura da representação social, desenvolveu-se uma investigação numa escola pública em Niterói (RJ), envolvendo um grupo de adolescentes do ensino médio, na faixa etária de 14 a 17 anos; esse grupo foi constituído a partir de três critérios: primeiro, o de possuírem TV; segundo, o de assistirem, diariamente, a programas; terceiro, o da disponibilidade e interesse em participar da pesquisa. Com esses critérios, conseguiu-se, no total de 106 (cento e seis) alunos do ensino médio (1° ao 3° ano), formar um grupo de 32 (trinta e dois) adolescentes.

O grupo configurou-se, desse modo, por 32 (trinta e dois) sujeitos, todos do sexo feminino (o que suscita várias indagações que motivarão a continuidade desta pesquisa) [1] e de uma mesma escola pública, situada no bairro de São Francisco, em Niterói (RJ). Esse bairro, embora de classe média, é ladeado por dois morros, o do "Cavalão" e o da "Viração". Os alunos da escola são originários, predominantemente, do morro do "Cavalão", próximo à escola. Das 32 (trinta e duas) alunas que constituíram o grupo, 29 (vinte e nove) residiam no morro do "Cavalão" e 3 (três) no da "Viração". Pelo tipo de residência e situação de família, pode-se considerar o nível socioeconômico do grupo como de "baixa renda" (Pinheiro, 1990).

Para a coleta de dados, utilizou-se a entrevista e, no interesse de que as alunas se expressassem livre e espontaneamente (considerando-se essa condição favorável ao estudo de representações) utilizou-se apenas uma pergunta estimuladora: «O que você vê na TV?»

---

1 Essa configuração somente feminina suscita indagações que motivarão o prosseguimento desta pesquisa, nessa mesma escola, no intuito de observar relações de gênero com os três critérios adotados para a constituição do grupo, podendo-se, por exemplo, perceber mais claramente o interesse masculino ou feminino por programas de TV. Poder-se-á, inclusive, comparar os resultados dessa próxima investigação com os que se apresentam no estudo de Bastos (1988) que, nos limites do seu tempo e contexto, informaram sobre a preferência *masculina*.

Para a identificação do núcleo central (observando significados essenciais) e elementos periféricos (observando-se informações complementares) das representações recorreu-se a Bardin. Considerou-se, então, que a «análise das entrevistas» é oportuna à investigação do modo como os sujeitos relacionam-se com os «objectos quotidianos», notando-se que «...existe uma correspondência entre o tipo de produção dos objectos e a atitude psicológica para com eles» e que a análise do conteúdo das respostas favorece a percepção dessa correspondência (Bardin, 1986, p. 65-66).

Ressalvando-se os limites dessa investigação (seu alcance de sujeitos e local, seus procedimentos de coleta, organização e análise de dados) chega-se aos resultados.

E os resultados surpreenderam, *não* pelo tipo de efeito da TV – já verificado e discutido em estudos sobre a corporeidade, a *exemplo* dos que vêm sendo desenvolvidos pelo Laboratório do Imaginário e das Representações Sociais (LIRES-RIO), e dos que se reúnem em Votre (Org. 2001) – mas pela sua homogeneidade nas respostas (*talvez* explicável pela homogeneidade feminina do grupo) centradas na representação do «corpo perfeito». Assim, a indagação sobre «O que você vê na TV?» foi respondida por frases como «as garotas do Gugu... que corpo... queria ter igual»; «Carolina Ferraz... ela é show! linda! 'quem dera' eu ter aquele corpo...», ou «Malhação... só que eu não tenho 'grana' nem para 'malhar', nem para conhecer gente assim... dá até tristeza, tenho que ser gorda e pobre»; «O Caldeirão do Huck... só que 'fico mais' prestando atenção nas garotas de biquíni... dá inveja... não consigo ser magra assim»; «Luciana Gimenez e Adriana Galisteu... são lindas, magras, altas, ricas... também... são modelos... coisa que nunca vou ser na vida...»; «Gosto mais de ver quando aparece uma modelo... fico 'vidrada' na Gisele... bonita... rica... também... não posso comer o que ela falou que come... verdura... fruta... só como coisa que engorda... arroz, feijão, batata»; «Gosto de ver o programa da Adriane Galisteu... não é 'à toa' que o Senna gostou dela... ela é tudo que eu queria ser e não sou... magra, alta, modelo, 'cheia da grana'... maravilhosa!»; «Gosto de ver Vera Fischer... 'show'... também... já fez mais de dez plásticas, lipoaspiração, escultura do corpo... quem sou eu para fazer essas coisas... se tivesse dinheiro, fazia já...'ontem'!»

Os conceitos e imagens que se apresentam nessas respostas, não só foram constantes, como (levando em conta que a expressão, mais que a comunicação, contém e revela sentimentos) formulados de maneira expressiva, fortemente marcada por exclamações e ênfases na entonação e nos gestos.

Desse modo, a análise das entrevistas, observando-se o modo como os sujeitos relacionam-se com o objeto (Bardin, 1986) revelou, de maneira clara e definida, as suas representações. Pôde-se, então, visualizar com nitidez a estrutura, com um núcleo central constituído por conceitos e imagens (produtos da representação) do «corpo perfeito» e elementos periféricos que o confirmam. E a representação, nucleada na imagem do «modelo do corpo perfeito», gera insatisfação com a própria imagem e a aspiração por uma imagem ideal.

Quanto aos elementos periféricos, articulam-se ao núcleo, pelas noções de que «ser pobre é um obstáculo a ser bonita», «ser feia é um obstáculo a ser rica», «ser modelo é ser rica», «ser pobre é um obstáculo a ser'modelo'e, portanto, a ser rica».

É interessante, então, perceber as correlações de motivos que se expressam no encadeamento de afirmações dos elementos periféricos: «*ser pobre é um obstáculo a ser bonita*», porque o pobre não pode ter alimentação adequada, não pode «malhar» em academia, não pode fazer plástica, fazer lipoaspiração, ou escultura do corpo. «*Ser feia é um obstáculo a ser rica*», porque não se consegue ser «modelo». «*Ser modelo é ser rica*», porque a beleza é condição de riqueza. Nesse encadeamento circular de representações, confirma-se a dificuldade de a menina pobre alcançar o «*corpo perfeito*» que «*vê na TV*».

O «corpo perfeito», magro e alto (e nessas qualidades podem estar os traços míticos da beleza) requer a «malhação» e os regimes. Até mesmo a cirurgia plástica passa a integrar precocemente os desejos, expectativas, necessidades das jovens que valorizam a lipoaspiração, necessária à chamada «escultura do corpo», ao mesmo tempo em que se sentem frustradas pela impossibilidade financeira de realizá-la. A presença e a influência da TV no cotidiano das camadas populares, assim como o dado da insatisfação com o corpo, são questões já observadas em diversos estudos, como os que foram citados na base teórica.

O que se notou nesta investigação, talvez de modo mais expressivo, foi a maior ansiedade das adolescentes quanto ao tipo de alimentação que lhes é oferecido em casa, predominando os farináceos, que «engordam», sobre verduras, legumes, carnes e frutas, que «emagrecem». Por isso, como disse uma aluna, «...prefiro ficar sem comer... mas, mesmo assim, estou uma baleia». E essa afirmativa chama especialmente a atenção por ser feita por uma adolescente com biotipo magro e retilíneo. Assim, observa-se a possibilidade de que os personagens da TV, projetados nas representações das jovens, estejam trazendo às camadas populares mais essa forma, entre tantas outras originárias das desigualdades econômicas, de pressão (e opressão) social.

Outro ângulo dessa análise leva a retomar o holicismo dos fenômenos sociais, verificando-se que cada fenômeno não se esgota em si mesmo, mas que se ramifica em causas e conseqüências que o extrapolam. Existem, portanto, fatores recessivos em cada efeito das representações, potencializados pelas imagens que se projetam nos cenários da TV.

Por isso, a imagem do «corpo perfeito», como é visto e «naturalizado» pelas adolescentes (sujeitos desta investigação) têm implicações e imbricações sociais e políticas mais amplas do que a aparência estética possa sugerir. Essa é uma das questões que suscitam a permanente atenção ao mundo imagético da TV, suas representações, suas repercussões no mundo real.

Considerações finais: discussão teórica dos resultados e recomendações

As considerações feitas neste segmento são, naturalmente, demarcadas pelas limitações metodológicas e de alcance da investigação, que sugerem, inclusive, a continuidade da pesquisa na mesma escola, verificando-se, no universo de alunos, relações de gênero com os critérios que orientaram a constituição do grupo, inclusive o da possível preferência masculina ou feminina por programas de TV, obtendo-se informações que poderão ser comparadas com o estudo de Bastos (1988) que, nos seus limites de tempo e local, constatou a preferência masculina.

Assim, observadas as limitações da pesquisa, e reafirmando-se que não se pretende generalização, mas apenas admite-se o princípio da transferibilidade (Lincoln e Guba, 1985), apresentam-se, a seguir, alguns elementos da discussão teórica sugerida (de maneira geral) pelos resultados, e algumas recomendações de interesse educacional.

Observa-se, então, inicialmente, que os mecanismos de formação das representações auxiliam a compreender como os textos televisivos, seus conceitos, imagens, mensagens, podem ser absorvidos, *naturalizados* e ancorados no pensamento, na conduta, nas avaliações e nas relações sociais. Nesse processo, destaca-se, particularmente, a naturalização, acreditando-se que a passagem do mundo virtual para o real não se possa dar sem esse mecanismo, da mesma forma que o comportamento não se pode realizar sem a atitude mental que o precede e viabiliza.

Desse modo, os elementos decorrentes da seleção e descontextualização de conceitos, objetivados, concretizados, em imagens, nos cenários da TV, constituem representações e reapresentações de fatos, comportamentos, «perfis de sucesso». A objetivação e naturalização desses elementos favorecem sua correspondência ao real, sua aceitação ou, mesmo, a sua reprodução.

Assim, as representações que se constroem nas mensagens televisivas podem traduzir-se em símbolos, sinais, significados, que orientam a interpretação do mundo real. E o núcleo figurativo da representação consegue extrapolar o nível de elaboração virtual da TV e chegar próximo aos parâmetros da realidade. *Esse processo pôde ser observado nesta investigação, na qual se pronunciou significativamente o núcleo da representação do «corpo perfeito», gerando crenças, expectativas, necessidades e frustrações, conforme informam os elementos periféricos.* Acredita-se que o efeito da naturalização tenha auxiliado significativamente essa estrutura representativa.

E, por esse mesmo encaminhamento, as representações do real podem tornar-se categorias de sua compreensão, capazes de naturalizar, generalizar ou absolutizar situações que, se submetidas ao exame crítico, mereceriam estranhamento. Por isso, a TV pode ser compreendida como fonte de «verdades» e meio poderoso de padronização de condutas e comercialização de produtos para usos materiais ou usos nos costumes, reconhecendo-se, com Jodelet (2001, p. 21), a influência das «redes de comunicação informais ou da mídia» na «construção representativa».

Acrescenta-se a essa análise a atenção aos subsídios educacionais que os programas poderiam oferecer à sociedade. Entretanto, os programas de conteúdo educacional são, ainda, insipientes, e o espaço da TV acolhe, inclusive, programas que, concentrados na competição comercial por anunciantes e audiência, ignoram até mesmo padrões éticos de respeito e dignidade humana.

Questões desse porte encaminham a recomendação deste estudo no sentido de confirmar a relevância da ação e participação do processo educacional na formação de telespectadores. Esse processo pode, de modo mais sistematizado, *com maior ênfase e atenção,* desenvolver-se no intuito de formar telespectadores críticos, ativos e interativos, capazes de uma interlocução com os textos, seus conceitos e imagens, suas representações dos fatos, suas informações e afirmações. Nesse sentido, confirma-se, também, a importância da leitura crítica do texto televisivo, para além da aparência de suas representações: uma leitura, portanto, incursiva. Os dados dessa leitura podem fomentar o diálogo que a relação educativa sugere, em todas as instâncias nas quais, formal ou informalmente, essa relação se desenvolve.

A leitura «a fundo», *incursiva,* do texto televisivo (uma leitura que indaga sobre os motivos do que a mensagem comunica na formulação e expressa na entonação e encenação do texto) possibilita percebê-lo, mais real e amplamente, em suas contribuições (artísticas, culturais, informativas) ou em seus prováveis desvios, condicionamentos ou superficialidade de enfoques ou opiniões. Ao se pensar em leitura incursiva e diálogo, para uso educativo da TV, ressalta-se e reafirma-se o princípio de que a TV é fato da vida, da sociedade e, portanto, da educação. Reafirma-se, também, que educação é, essencialmente, formação de valores, de atitudes inerentes ao conhecimento, e que a TV é um dos objetos atuais e atuantes dessa formação.

Conseqüentemente, a TV e suas representações passam a constituir temas do processo educativo dialógico. Portanto, a TV é mais um motivo (e uma necessidade) de diálogo em família, na escola e em outros espaços nos quais a educação, a formação de valores para a vida, a convivência e a cidadania possam se construir e se consolidar.

Referências bibliográficas

ABRAMOVICH, F. **O estranho mundo que se mostra às crianças.** 3 ed. São Paulo: Summus, 1986.

ABRIC, J. C. A abordagem estrutural das representações sociais. In: MOREIRA, A. S. P.; Oliveira, D. C. de (Orgs.). **Estudos interdisciplinares de representação social.** Goiânia: AB, 1998, p. 27-37.

ALMEIDA. A. R. de; SILVA, J. A. da. Televisão, pais e filhos, um estudo de preferências e hábitos diários. **Arquivos Brasileiros de Psicologia.** Rio de Janeiro. v. 33, n. 4, p. 113-122, out./dez. 1981.

ARRUDA, A. (Org.). **Representando a alteridade.** Petrópolis: Vozes, 1998.

BARDIN, L. **Análise de conteúdo.** Lisboa, Portugal: Edições 70 Ltda., 1986.

BASTOS, L. **A criança diante da TV.** Um desafio para os pais. Petrópolis: Vozes, 1988.

BELLOW, M. L. Educação para a mídia: missão urgente da escola. **Comunicação e Sociedade,** São Bernardo do Campo, v. 10, n. 17, p. 33-46, ago., 1991.

BERGER, R. **A tele-fissão.** São Paulo: Loyola, 1981.

BOURDIEU, P. **Sobre a televisão.** Rio de Janeiro: Zahar, 1996.

CAMPEDELLI, S.Y. **A telenovela.** São Paulo: Ática, 1990.

CARLSSONE, U.; VON FEILTZEN, C. **A criança e a violência na mídia.** São Paulo: Cortez, 1998.

FLAMENT, C. Estrutura e dinâmica das representações sociais. In: JODELET, D. **As representações sociais.** Rio de Janeiro: EDUERJ, 2001, p. 155-172.

GOFFMAN, E. **A representação do eu na vida cotidiana.** 3 ed. Petrópolis: Vozes, 2002.

GUARESCHI, P. (Coord.) **Comunicação e controle social.** 3 ed. Petrópolis: Vozes, 2000.

GHIRALDELLI, P. (Org.). **Infância, educação e neoliberalismo.** São Paulo: Cortez, 1996.

JAPIASSU, M. Globo multinacional. **Isto é.** São Paulo, p. 60-62, out., 1980.

JODELET, D. (Org.). Representações sociais: um domínio em expansão. In: **As representações sociais.** Rio de Janeiro: EDUERJ, 2001.

LACERDA JUNIOR, J. A., de. Dispensáveis: pode a TV fazer alguma educação? **Revista Tecnologia Educacional.** Rio de Janeiro, n. 112, p. 40-47, 1999.

LINCOLN, Y. S.; GUBA, E. S. **Naturalistic inquiry.** London: Sage Publications, 1985.

MARCONDES, B.; MENEZES, G.; THOSHIMITSU, T. **Como usar outras linguagens na sala de aula.** São Paulo: Contexto, 2000.

MATTOS, S. **História da televisão brasileira.** Uma visão econômica, social e política. Petrópolis: Vozes, 2002.

MOSCOVICI, S. **A representação social da psicanálise.** Rio de Janeiro: Zahar, 1978.

______. Das representações coletivas às representações sociais: elementos para uma história. In: JODELET, D. (Org.). **As representações sociais.** Rio de Janeiro: EDUERJ, 2001.

PENTEADO, H. D. **Televisão e escola:** conflito ou cooperação. São Paulo: Cortez, 1996.

PEREIRA, C. A. M.; MIRANDA, R. **Televisão.** São Paulo: Brasiliense, 1992.

PINHEIRO, I. A. S. **Como é e como vive a família assalariada no Brasil.** Brasília: Departamento Nacional de Salário do Ministério do Trabalho e Previdência Social, 1990.

RANGEL, M. A pesquisa de representação social na área de ensino aprendizagem: elementos do estado da arte. **Revista Brasileira de Estudos Pedagógicos,** Brasília (DF), v. 79, n. 193, p. 72-85, 2000.

______. Fracasso escolar: de representações a soluções. **Revista Educação,** Porto Alegre, V. XXIV, n. 45, p. 133-140, 2001.

______. The representations of the students, as a means of practical knowledge, and the learning of scientific knowledge at school. Linz, Austria. **Papers on Social Representations,** v. 6, n. 1. p. 51-58, 1997.

REZENDE, A. L. M. de. **A tevê e a criança que te vê.** São Paulo: Cortez, 1990.

SÁ, C. **Núcleo central das representações sociais.** Petrópolis: Vozes, 1996.

SANTIAGO, R. A. **A escola representada pelos alunos, pais e professores.** Aveiro: Universidade de Aveiro, 2000.

SCHOPENHAUER. A. **O mundo como vontade e representação.** Rio de Janeiro: Contraponto, 2001.

SODRÉ, M. **O monopólio da fala.** Petrópolis: Vozes, 1977.

SOUZA, A. M. C. A televisão e a criança: sim ou não. **Educação e Filosofia.** Uberlândia, v. 4, n. 8, p. 167-171, jan./jun., 1990.

TÁVOLA, A. **A liberdade do ver.** São Paulo: Nova Fronteira, 1990.

______. O padrão global. **Status.** São Paulo, n. 126, p. 42-45, jan., 1985.

TEIXEIRA, L. M. **A criança e a televisão.** Amigos ou inimigos? 2 ed. São Paulo: Loyola, 1997.

VALA, J. Sobre as representações sociais – para uma epistemologia do senso comum. **Cadernos de Ciências Sociais,** Lisboa, p. 5-28, maio, 1986.

VOTRE, S. (Org.). **Imaginário e representações sociais em educação física, esporte e lazer.** Rio de Janeiro: Editora Gama Filho. 2001.

A representação social no enfrentamento do conceito naturalista de meio ambiente

Introdução

A questão do meio ambiente, atual e necessária, tem sido foco de discussões e atenções em diversos fóruns e movimentos sociais, políticos, acadêmicos. Os avanços nessas discussões têm se dado, sobretudo, por meio de *ressignificações,* no sentido da ampliação de conceitos, princípios e práticas.

As ressignificações pretendidas requerem que se supere a representação «naturalista», nucleada no significado do meio ambiente natural, em seus componentes bióticos e abióticos. Nessa representação, como observa Reigota (2000), o homem é percebido, seja como elemento dissonante, seja como agente depredador.

A representação naturalista explica o meio ambiente como primeira natureza ou natureza intocada, na qual se define o lugar em que os seres, bióticos ou não, habitam.

Essa perspectiva do homem dependente ou depredador da natureza, embora restrita e simplificada, admite uma certa sensibilidade ecológica, pelo nivelamento de valor e interdependência dos seres vivos com a água, o ar, o solo, que constituem o seu «meio».

Entretanto, os resultados dessa interdependência entre elementos bióticos e abióticos se, por um lado, traduzem o equilíbrio ecológico do meio natural, por outro admitem o sentido do homem dependente do meio para a sua sobrevivência, ou seja, o «homem ameaçado», assim como o sentido do homem que promove a deteriorização ambiental, ou seja, o «homem ameaçador»; em ambos os casos, o homem é deslocado do contexto do meio ambiente. Por isso, é necessária a *ressignificação.*

Na ressignificação que se pretende e propõe, o ser humano é (re)apresentado como parte do meio ambiente, e as condições de qualidade e preservação, que se desejam para a natureza, devem também – e principalmente – ser consideradas para a qualidade e dignidade da vida humana, cidadã (Reigota, 2000, 2002; Gutiérrez e Prado, 2000; Leff, 2002; Loureiro, Layrargues e Castro, Orgs., 2002; Neves, 2002).

Assim, os significados mais amplos e consorciados de *meio ambiente natural e social* requerem a compreensão das relações necessárias entre os elementos físicos, políticos, econômicos, culturais que os constituem. Essa ampliação de significados contempla a interação complexa de configurações sociais, biofísicas, políticas, filosóficas e culturais, reconhecendo-se o conteúdo existencial e conceitual multifacetado da discussão e da educação ambiental.

Nessa perspectiva, a educação ambiental pode (deve) superar os limites de uma disciplina específica do currículo,para alcançar a dimensão de um projeto político-pedagógico: um projeto que se formule e implemente de forma conscientizadora da necessária parceria entre a escola e a comunidade, em favor do conceito do meio ambiente associado à vida social, política, humana, *de qualidade*, respeitados os direitos e deveres de cidadania.

Com esse interesse, a proposta da transversalidade de temas curriculares, denominados como temas da «vida cidadã», poderá ser considerada, apesar (e para além) das críticas aos atuais parâmetros normativos do currículo.

A saúde, a família, o trabalho, as linguagens, a ciência e tecnologia, as culturas e pluralidades sociais, ao mesmo tempo em que se propõem como temas de cidadania, que perpassam e articulam as disciplinas do currículo, também podem ser objeto de estudos sobre sua inserção no *conceito e contexto*, de modo amplo, integrador, socialmente compromissado, de *meio ambiente*.

A compreensão dessas questões e seus fatores, assim como a (necessária) proposta de um conceito ampliado de meio ambiente, remetem ao estudo da representação social: o conhecimento prático e compartilhado, potencialmente capaz de influir em visões e ações sociais. Com esse interesse e enfoque teórico, procurando-se observar representações formadas por sujeitos do meio acadêmico, potencialmente sensíveis às discussões críticas e ressignificações de conceitos, formulam-se os objetivos da pesquisa, no sentido de: (1) verificar repercussões da discussão acadêmica sobre o conceito ampliado de meio ambiente, em representações de alunos do Curso de Pedagogia da Universidade Federal Fluminense, (2) discutir as representações, na perspectiva de seu produto – conceitos e imagens – com atenção ao núcleo central de significados e (3) discutir a dimensão ambiental na formação de professores. O apoio na teoria de representação social explica-se, então, pelos seus referentes de análise.

A teoria de representação social

Na gênese do debate da representação social (RS), destacam-se dois fatos: as formulações iniciais, em Durkheim (1956; 1967) e o movimento da Psicologia, nos anos 60, na direção de pesquisas orientadas por interesses sociais, superando a tradição behaviorista.

Assim, a discussão do conceito de representação foi incrementada na Psicologia Social em razão da insuficiência de modelos clássicos (particularmente o behaviorista) de explicação das interações dos sujeitos entre si e com o mundo. Essa discussão ocorre, portanto, no momento em que a Psicologia se mobiliza na direção de entender e intervir na realidade, deixando o plano abstrato de produção do conhecimento, para atuar em favor da solução de problemas sociais concretos. Um dos líderes desse movimento, que ocorre nos anos 60, na Europa, é Serge Moscovici.

A discussão das representações integra-se portanto a «novas e desejáveis orientações» para a Psicologia Social, podendo-se, por isso, falar no «advento da era das representações sociais».

Essa expressão – advento da era das representações sociais – serviu ao autor (Moscovici, 1982) para veicular duas idéias: a importância do fenômeno das representações sociais nas sociedades de hoje e a importância do conceito de representação social no quadro de novas e desejáveis orientações para a psicologia social (Vala, 1993, p. 16).

A importância do estudo da representação social se reforça em Vala (1993) quando, remetendo a Heider, sublinha a premissa de que «a Psicologia Científica deveria aprender com a psicologia do senso comum» (p. 21).

Ao focalizar a representação como conhecimento prático, de senso comum, Moscovici propõe-se a realizar a sua análise científica, observando a sua relação com o comportamento social.

Desse modo, Moscovici (1978; 2001) avança a partir do conceito de representação coletiva, em Durkheim (1956), considerando que as representações não apenas repetem, mas produzem critérios de pensamento e ação sociais. O entendimento da representação avança, portanto, num sentido mais abrangente e dinâmico de produção – e não apenas reprodução – de padrões de conhecimento e conduta.

Com esse mesmo sentido – de produção e não apenas reprodução de pensamentos e ações – renova-se o entendimento do significado das opiniões, imagens, atitudes, estereótipos, até então influenciado por uma visão behaviorista.

Opiniões, imagens, atitudes (como veículos e expressões de representações) passam a ser entendidas não só nas influências que recebem, mas nas influências que proporcionam à explicação e constituição da realidade, ou seja, aos critérios (e categorias) de compreensão dos fatos, orientação de comportamentos e identificação dos sujeitos nos grupos sociais.

Com essa compreensão, Moscovici (1978) assinala que, na sua pesquisa, «não se propôs somente a descrever as distribuições de opiniões a respeito da Psicanálise, mas também a analisar a sua inserção no campo psicossocial da pessoa e do grupo» entendendo que «cada grupo tem um universo de opinião particular» (p. 32).

Ao levar em conta, no estudo de representações, as atitudes, opiniões e imagens, Moscovici (1978) não as considera apenas como reflexos de informações que circulam na sociedade, mas também como criações dos sujeitos que as expressam. Portanto, as representações não só se veiculam através de opiniões como influem na sua formação.

Jodelet (1989) observa então que, mesmo na formação de representações «muito elementares», ocorre um processo de elaboração cognitiva e simbólica, que tem influência sobre comportamentos. É nesse aspecto que a noção de representação dá um novo sentido a outros «modelos psicológicos» e confere um novo entendimento às opiniões, imagens, atitudes. Na representação associam-se processos simbólicos, comunicações, condutas, visões compartilhadas.

A *comunicação* é «modeladora» das representações, tanto quanto as representações podem determinar o seu conteúdo e até mesmo o seu vocabulário. Essa interinfluência favorece o compartilhamento de critérios pelos quais se julgam as «condutas desejáveis ou admitidas» (Moscovici, 1978, p. 80).

A questão da *comunicação,* associada ao *compartilhamento de idéias,* é especialmente destacada por Moscovici (1978), quando associa as representações às «visões compartilhadas»:

Elas (as representações) determinam o campo das comunicações possíveis, dos valores ou das idéias presentes nas visões compartilhadas pelos grupos e regem, subseqüentemente, as condutas desejáveis ou admitidas (p. 50).

Todas essas considerações reforçam o «caráter coletivo» das representações. «E, nessa perspectiva, qualificar uma representação de social equivale a optar pela hipótese de que ela é produzida, engendrada coletivamente» (Moscovici, 1978, p. 76).

A interação e a comunicação social são processos de veiculação e produção (coletivas) de representações. Assim, «as representações sociais são um produto das interações e dos fenômenos de comunicação no interior de um grupo social» e, dessa forma, «refletem a situação desse grupo, os seus projetos, problemas e estratégias» (Vala, 1993, p. 7).

No curso da comunicação e interação sociais, os indivíduos formulam explicações dos «objetos». Essas explicações se conduzem por «categorizações» ou «classificações» que influem nas concepções e ações.

Uma das alternativas de estudo de representações é a identificação de «temas» que «se apresentam mais freqüentemente» nas afirmações dos sujeitos (Moscovici, 1978, p. 32). Esses «temas» são resultantes das «categorizações» ou «classificações» explicativas do objeto da representação.

Comentando Moscovici e Hewstone, Vala (1993) observa que «...o que caracteriza o modo de funcionamento de uma representação social é a transformação da avaliação em descrição e da descrição em explicação» (p. 14).

Ainda quanto à «comunicação» como veículo de representações, Vala (1993, p. 5) sublinha o princípio de que *«a representação é a expressão de um sujeito»* (grifo do autor).

Referindo-se, também aos meios de comunicação, Moscovici (1978) assinala a influência na organização coletiva do conhecimento e na «circulação de opiniões» (p. 28). As representações «são determinadas tanto pelos meios de comunicação (jornais, rádio, conversações, etc.) como pela organização social dos que comunicam (Igreja, Partido, etc.)» (p. 28).

As comunicações, os «testemunhos acumulados» e os interesses dos grupos (e suas organizações) são determinantes das representações:

Na «formação de representação» (...) cada pessoa parte de observações e, sobretudo, de testemunhos que se acumulam a propósito dos eventos correntes (...). A maior parte dessas observações e desses testemunhos provêm, entretanto, daqueles que os inventariaram, organizaram e informaram no quadro de seus interesses (p. 51).

Desse modo, pode-se constatar o poder de influência das representações nos conceitos, nos comportamentos, nas ações sociais. E, com essas referências de análise, esta pesquisa aproxima-se do seu objetivo, o meio ambiente, procurando obter e discutir suas representações, para vislumbrar, mais nitidamente, as ressignificações necessárias a avanços de conceitos e condutas. Nesse sentido, explicitam-se, em seguida, a metodologia e primeiros resultados.

Metodologia e primeiros resultados

A opção metodológica da pesquisa incluiu o levantamento de dados, mediante a técnica de associação de palavras, e sua análise explicativa, considerando, em Bardin (1986), que essa opção atende ao interesse de identificar núcleos de significados das representações.

Quanto aos sujeitos, foram escolhidos alunos do 8º semestre do Curso de Pedagogia da Universidade Federal Fluminense, participantes do componente curricular destinado à discussão de temas sociais, artísticos, culturais. Esse componente é denominado, de maneira ampla, como «Atividades». Nas «Atividades» do 8º semestre, escolheu-se, aleatoriamente, uma turma constituída por 21 (vinte e um) alunos, cuja faixa etária oscilava entre 23 (vinte e três) e 39 (trinta e nove) anos.

A esses sujeitos foi aplicada a técnica de associação de palavras (Bardin, 1986), com as seguintes palavras indutoras: «Composição do meio ambiente: a que palavras você associa?» Essa opção metodológica atendeu ao interesse de identificar núcleos de significados das representações.

Pôde-se, então, identificar os núcleos da representação nas palavras induzidas, que variaram de três a oito, por sujeito, formando os seguintes conjuntos: *verde (mata) / azul (mar - céu), natureza; preservação, verde, poluição, floresta, destruição, queimada, desinteresse, natureza; árvores, animais, poluição, mar, descaso, desrespeito, homem; natureza, seres vivos, poluição, urbanização, desmatamento; homem, natureza, poluição, preservação; natureza, ecossistema, ar puro, mata atlântica; vida, dinamismo, força, ameaça, oxigênio; vida, turismo, desenvolvimento sustentável, desenvolvimento social, desenvolvimento do ser humano.*

Tratando-se de aplicação experimental, consideraram-se todas as palavras induzidas, no interesse de verificar a incidência de respostas. Essa verificação informa a maior incidência da palavra «natureza» (cinco vezes), seguida de «poluição» (quatro vezes), e «verde», «preservação», «homem» e «vida», cada uma, duas vezes.

Apenas em um dos conjuntos encontraram-se palavras que denotam uma representação mais ampla do meio ambiente, incluindo a perspectiva de desenvolvimento «sustentável», «social», do «ser humano».

Esses primeiros resultados, portanto, informam, quanto aos objetivos da pesquisa, a pouca repercussão da discussão acadêmica em conceitos mais abrangentes, observando-se, no núcleo central de significados, ainda a permanência do conceito naturalista do meio ambiente, dissociado de sua dimensão social, o que confirma a relevância de prosseguir a pesquisa, de acordo com sua previsão de sujeitos, como também a importância de discutir, mais amplamente, a «dimensão ambiental na formação de professores» (Barreto, 2002).

Comentário conclusivo

Neste comentário, recorre-se à RS, para observar que, no seu sentido de produção e não apenas reprodução de conceitos, a permanência da representação do meio ambiente, nucleada na natureza, poderá ter implicações na continuidade dessa perspectiva.

A estrutura da RS, com seu núcleo, significados, favorece a estabilidade e permanência de conceitos. A mudança de representações deverá, então, ser objeto do aprofundamento da discussão teórica dessa pesquisa, notando-se, especialmente, os efeitos da RS, seus mecanismos, suas dimensões, enquanto elementos que, não só explicam o enraizamento, a ancoragem de conceitos, como aponta processos de mudança e ressignificações.

O prosseguimento dos estudos e do levantamento de dados propiciará, então, de acordo com o terceiro objetivo, o encaminhamento de subsídios à dimensão ambiental na formação de professores, no intuito, principalmente, da conscientização do sentido humano, social, do meio ambiente.

Referências bibliográficas

BARDIN, L. **Análise de conteúdo.** Lisboa: Edições 70, 1986.

BARRETO, M. **A dimensão ambiental na formação de professores.** Projeto de Tese. 2002 (Curso de Doutorado em Educação). Universidade Federal Fluminense.

GUTIERREZ, F.; PRADO, C. **Ecopedagogia e cidadania.** 2 ed. São Paulo: Cortez, 2000.

LEFF, E. **Epistemologia ambiental.** 2 ed. São Paulo: Cortez, 2002.

LOUREIRO, C. F. B.; LAYRARGUES, P. P.; CASTRO, R. S. (Orgs.). **Educação ambiental:** repensando o espaço da cidadania. São Paulo: Cortez, 2002.

NEVES, W. **Antropologia ecológica:** um olhar materialista sobre as sociedades humanas. 2 ed. São Paulo: Cortez, 2002.

REIGOTA, M. **Floresta e escola:** por uma educação ambiental pós-moderna. 2 ed. São Paulo: Cortez, 2002.

______. **Meio ambiente e representação social.** 5 ed. São Paulo: Cortez, 2000.

VALA, J. Representações sociais - para uma psicologia social do pensamento social. In: VALA, J.; MONTEIRO, M. B. **Psicologia Social.** Lisboa: Fundação Calouste Gulbekian, 1993, p. 1-41.

A representação social no enfrentamento do problema do estigma e da exclusão

Introdução

Estigma, preconceito e exclusão são processos que geram violência nas ações e relações humanas e sociais. Esses processos são reconhecidos na sociedade e na educação. Na área da educação as preocupações com a exclusão promoveram decisões, pedagógicas e legais, em favor da educação inclusiva.

A educação inclusiva tem recebido uma especial ênfase nos discursos políticos e acadêmicos, embora, na prática, se reconheça a sua complexidade.

Na literatura acadêmica, encontram-se trabalhos como os de Carmo (2001), Ainscow, Porter e Wang (1997), Crochik (1997), Sassari (1997), Bautista (Coord., 1997), Coll, Palácios e Marchesi (1995), Caderno Cedes (1996), entre tantos outros que discutem o princípio da inclusão, relacionado a alunos portadores de necessidades especiais. A chamada «educação inclusiva», com esse sentido, iniciou-se nos Estados Unidos em 1975, prosseguindo com propostas e práticas de inclusão de crianças com algum tipo de dificuldade de aprendizagem na rede regular de escolas, com vistas, especialmente, à sua integração na comunidade.

Entretanto, se a educação inclusiva, na área da educação especial, tem uma produção significativa, o mesmo não se observa no campo da discussão relativa à violência gerada por processos excludentes associados a estigmas e preconceitos, decorrentes de representações.

Desse modo, focaliza-se especialmente na representação social (RS) a sua potencialidade de influir em percepções e comportamentos, a sua condição de ser, tanto estímulo como resposta, a inerência entre conceito e imagem, o intercâmbio entre percepção e conceito, a reciprocidade entre comunicação e RS.

Inicia-se, então, com Jodelet (2001, p. 22), quando assinala na RS o processo de elaboração cognitiva e simbólica, influente no pensamento e conduta sociais. Esses elementos de análise das representações levam a observar as suas características, entre as quais se inclui o fato de que a representação é sempre de um objeto, que «...pode ser tanto uma pessoa, quanto uma coisa, um acontecimento material, psíquico ou social, um fenômeno natural, uma idéia, uma teoria». Nessa relação com o objeto, a RS tem a propriedade de intercambiar a percepção e o conceito.

A RS, portanto, tem caráter simbólico, significante e construtivo, no sentido da possibilidade de influir na ocorrência dos fatos, de acordo com a maneira como se representam. É o que Jodelet (2001, p. 31) chama de «fabricação dos fatos».

Ao discutir a relação entre percepção e conceito, Moscovici (1978, p. 57) observa que eles «se engendram, reciprocamente» e dessa forma incorporam-se às representações. Nesse sentido, considera-se que «representar um ser» é o mesmo que "levá-lo à consciência», e assim, «representar alguma coisa e ter consciência de alguma coisa dá no mesmo, ou quase».

Ainda quanto ao conceito, aponta-se a sua vinculação à imagem, na expressão de representações. Conceito e imagem apresentam-se como «duas faces» de uma mesma «folha de papel» (Moscovici, 1978, p. 65). É com esse entendimento que Moscovici (1978) observa na representação a face figurativa – a imagem – e a face simbólica, ou seja, o conceito.

Na formação de imagens se dá a concretização de conceitos. No dizer de Ibánez (1988), «las imágenes ajudan a que las personas se forjen una visión menos abstrata del objeto representado...» (p. 48). Ocorre, portanto, uma «percepção» mais concreta do objeto.

Ao analisar o significado da percepção, Vala (1993) recorre a Bruner, notando que o processo perceptivo incorpora fatores relativos às características do estímulo e da informação, assim como fatores comportamentais, incluindo aspectos «motivacionais, emocionais e sociais do indivíduo». Ainda em Bruner, considera-se que «a categorização constitui um dos processos através dos quais se manifesta a atividade estruturante do sujeito na percepção» (p. 20). Essa «categorização» aplica-se, também, à discussão dos efeitos da RS na classificação de objetos, pessoas, acontecimentos, e na configuração de protótipos (Semin, 2001).

Assim, além de constituir-se a partir de percepções da realidade (veiculadas pela interação e comunicação social) as representações também influem na constituição do real, na medida em que as percepções consubstanciam-se em idéias, expressas em conceitos e imagens, que podem determinar estigmas e preconceitos, orientando comportamentos, comunicações e relações humanas e sociais.

A possibilidade de influência em comportamentos, assim como a explicação do real, são consideradas em estudos como o de Gilly (1980) e Vala (1993), como funções da RS, entre as quais Jodelet (2001, p. 35) assinala a de «manutenção da identidade social e do equilíbrio sociocognitivo a ela ligados».

A compreensão desse processo requer, também, o reconhecimento de que as representações constituem, concomitantemente, estímulos e respostas sociais. Assim, a RS tanto pode receber influência, como influir na organização dos grupos e na configuração e avaliação de condutas e papéis dos indivíduos que os compõem.

Embora Herzlich (1991) ressalve que não deve «haver ligação mecânica entre uma representação coletiva e uma conduta individual específica», observando que «a predição de condutas individuais não é o objetivo dos estudos de representação», reconhece, também, a importância de «evidenciar o código a partir do qual se elaboram significações ligadas às condutas individuais e coletivas» (p. 27), enfatizando, nesse sentido, a importância da comunicação.

A comunicação é «modeladora» das representações, tanto quanto as representações podem interferir no seu conteúdo e até mesmo no seu vocabulário. Essa interinfluência favorece o compartilhamento de conceitos, visões, critérios pelos quais se julgam as «condutas desejáveis ou admitidas» (Moscovici, 1978, p. 50).

A comunicação é, também, um dos elementos destacados na análise conceitual de Jodelet (1989, p. 36): *On reconnaît généralement que les représentations sociales, en tant que systemes d'interprétation régissant notre relation au monde et aux autres, orientent et organisent les conduites e les communications sociales* (p. 36).

O compartilhamento das representações permite notar que, em cada expressão pessoal, encontra-se a formação coletiva de idéias, o que equivale a dizer que as idéias não se formam isoladamente, até porque o sujeito que representa é, por sua natureza, um sujeito social. Spink (1993) subsidia essa reflexão, observando que «é necessário entender sempre como o pensamento individual se enraíza no social (...) e como um e outro se modificam mutuamente» (p. 4). Pontuando essa mesma questão, Jodelet (1989) esclarece que o social intervém na formação individual da representação de várias maneiras: pelo contexto em que as pessoas se situam, pela comunicação que se estabelece entre elas, pela matriz cultural, pelos valores ligados às posições ou «pertenças» a grupos com interesses específicos.

Essa mesma perspectiva é considerada por Moscovici e Doise (1991), quando focalizam representações individuais e representações sociais. Os autores discutem, então, o compartilhamento de idéias, pelas representações, observando-o como fator de consenso dos grupos e formação de «laços sociais» (p. 210) dos sujeitos que os integram. O compartilhamento de idéias conduz a concepções e avaliações comuns, com significativa possibilidade de se tornarem estáveis e ancoradas no pensamento, nas crenças, expectativas, atitudes, ações e relações sociais. Esses referentes de análise permitem sintetizar as conclusões sobre representação social e estigma, articuladas à violência.

Conclusão: a violência do estigma e do preconceito, à luz da representação social

A representação social é uma forma de conhecimento prático, de senso comum, que circula na sociedade. Esse conhecimento é constituído de conceitos e imagens sobre pessoas, papéis, fenômenos do cotidiano.

As pessoas constroem suas representações nos seus grupos sociais, através das conversas, das visões, das crenças que veiculam.

Assim, os conceitos e imagens vão sendo aceitos, naturalizados, considerados verdadeiros, embora sejam apenas representações. Muitos dos preconceitos, dos estigmas, das exclusões de pessoas, decorreram desse processo e dos equívocos que ele pode gerar.

O confronto das representações com a realidade, quando submetido a uma análise crítica e fundamentada, pode demonstrar esses equívocos.

Quando se discute violência, como fator de ameaça à vida, não se pode omitir ou dispensar a discussão de conceitos que podem gerá-la. Esse, sem dúvida, é o caso dos conceitos de *estigma, exclusão, ironia, indiferença, preconceito.*

A construção, aceitação e divulgação do preconceito e do estigma já são, em si, processos violentos, que geram violência. Essa construção é realizada por homens, seres pensantes, capazes de raciocínio e de intenções.

É preciso, portanto, compreender melhor o estigma e o preconceito. O estigma é uma marca, um rótulo que se atribui a pessoas com certos atributos que se incluem em determinadas classes ou categorias diversas, porém comuns na perspectiva de desqualificação social. Os rótulos dos estigmas decorrem de preconceitos, ou seja, de ideias pré-concebidas, cristalizadas, consolidadas no pensamento, crenças, expectativas socioindividuais.

Assim, percorrendo vários campos das ações e relações sociais, os estigmas alcançam tanto os pobres e os meninos de rua, como os portadores de HIV, os que apresentam necessidades especiais (físicas, mentais, psicológicas) e os homossexuais. E os pré-conceitos (portanto, os conceitos prévios ou previamente estabelecidos) antecedem os atributos ou características pessoais a que se referem.

Desse modo, os atributos ou características que justificam o estigma são previamente avaliados, com pouca ou nenhuma oportunidade de análise crítica e consciente, que os associe às circunstâncias reais da vida e das relações humanas, sociais. Conseqüentemente, o preconceito é inflexível, rígido, imóvel, prejudicial à discussão, ao exame fundamentado e à revisão do que está pré-concebido.

Os que constroem ou aceitam preconceitos, constroem e aceitam estigmas. Ambos - preconceitos e estigmas - promovem e naturalizam palavras ou ações violentas. Por conseguinte, essa construção pode ser a origem e o início da violência.

Sabe-se que a violência não se define somente no plano físico; apenas a sua visibilidade pode ser maior nesse plano. Essa observação se justifica quando se constata que violências como a ironia, a omissão e indiferença não recebem, no meio social, os mesmos limites, restrições ou punições que os atos físicos de violência. Entretanto, essas «armas» de repercussão psicológica e emocional são de efeito tão ou mais profundo que o das armas que atingem e ferem o corpo, porque as «armas brancas» da ironia ferem um valor precioso do ser humano: a auto-estima.

A luta e o remédio contra o preconceito e o estigma encontram-se nas análises críticas e situadas que encaminham novos significados, ou seja, que argumentam e apóiam ressignificações. Dessas ressignificações podem surgir novos conceitos, mais reais, mais consistentes, mais abertos e flexíveis, e portanto mais humanos. Encontros como os da «Sociedade Viva» [1], promovido pela Ministério da Saúde e realizados em agosto de 2003 no Centro Cultural da

---

1 O Ministério da Saúde promoveu, durante o ano de 2003, uma série de encontros para a discussão da violência e da saúde no Centro Cultural de Saúde, sediado no Rio de Janeiro. A questão da violência a partir de estigmas e preconceitos foi um dos temas desses encontros.

Saúde, no Rio de Janeiro, são oportunidades expressivas, relevantes, para as ressignificações que se fazem necessárias, prementes, para os avanços da vida, da convivência e da consciência social.

As novas ressignificações por uma vida, uma convivência e uma consciência social mais inclusivas requerem, sobretudo, atitudes que assumam um dos valores mais expressivos dos tempos contemporâneos: a aceitação da pluralidade e, portanto, das diferenças, das especificidades, das singularidades.

Mais uma vez recorrendo à análise crítica e fundamentada, que aproxima visões e consciências das circunstâncias reais da vida, observa-se que cada indivíduo é singular, é diferente, é único em suas características; respeitá-lo, qualificá-lo, acolhê-lo, não é uma concessão, mas sim um direito; esse direito é social, é político, é de *cidadania.*

Assim, o que se pondera nessas reflexões é, sobretudo, a proposta de superação de preconceitos em favor de avanços no sentido de palavras e atitudes de inclusão e de respeito à vida no seu significado social pleno, inerente a valores, direitos e deveres que garantem a dignidade de *ser* humano e cidadão.

Referências bibliográficas

AINSCOW M. , PORTER G. , WANG M. **Caminhos para escolas inclusivas.** Lisboa: Instituto de Inovação Cultural, 1997.

BARDIN, L. **Análise de conteúdo**. Lisboa: Edições 70, 1986.

BAUTISTA, R. (Coord.) **Alunos com necessidades especiais.** Lisboa: Dinalivros, 1997.

CADERNOS CEDES. **A fala dos excluídos.** Campinas (SP): Papirus, n. 38, maio, 1996.

CAETANO, M. **Os gestos do silêncio**: para esconder a diferença. Projeto de dissertação, 2002 (Curso de Mestrado em Educação). Universidade Federal Fluminense.

CARMO, A. do. Inclusão escolar: roupa nova em corpo velho. **Revista Integração.** Brasília, MEC, v. 13, n. 23, p. 43-48, 2001.

COLL, C.; PALÁCIOS, J.; MARCHESI, A. **Necessidades educativas especiais.** Porto Alegre: Artes Médicas, 1995.

CROCHIK, J. L. **Preconceito, indivíduo e cultura**. São Paulo: Robe Editorial, 1997.

FOUCAULT, M. **História da sexualidade**. A vontade de saber. Rio de Janeirio: Graal, 1980.

______. **Vigiar e punir**. Rio de Janeiro: Vozes, 1987.

FRY, P.; MAC ERA, E. **O que é homossexualidade**. Rio de Janeiro: Brasiliense, 1983.

GILLY, M. **Maîtres-élèves:** rôles institutionnels et représentations. Paris: PUF, 1980.

GREEN, J. N. **Além do carnaval**: a homossexualidade masculina no século XX. São Paulo: UNESP, 2000.

HERZLICH, C. A. A problemática da representação social e sua utilidade no campo da doença. **Revista da Saúde Coletiva.** Rio de Janeiro, v. 1. n. 2, p. 23-27, 1991.

HOCKER, E. **Sexual invertion**: the multiple roots of homossexuality. NewYork: Basic Books, 1970.

IBÁNEZ, G. T. (Coord.). Representaciones sociales: Teoria y metodo. In: **Ideologia de la vida cotidiana.** Barcelona: Sendai, 1988.

JODELET, D. Representações sociais: um domínio em expansão. In: **As representações sociais**. Rio de Janeiro: EDUERJ, 2001.

______ (Dir.). Représentations sociales: un domaine en expansion. In: **Les représentations sociales.** Paris: PUF, 1989, p. 31-61.

MOSCOVICI, S. **A representação social da psicanálise**. Rio de Janeiro: Zahar, 1978.

MOSCOVICI, S.; DOISE, W. **Dissensões e consenso:** uma teoria geral das decisões coletivas. Lisboa: Horizonte, 1991.

MOTT, L. R. Homofobia. **A violação dos direitos humanos de gays, lésbicas e travestis no Brasil**. Salvador (BA): Grupo Gay da Bahia, 1997.

SASSARI, R. K. **Inclusão:** construindo uma sociedade para todos. Rio de Janeiro: WVA, 1997.

SEMIN, G. R. Protótipos e representações sociais. In: JODELET, D. (Org.). **As representações sociais.** Rio de Janeiro: EDUERJ, 2001, p. 205-216.

SPINK, M. J. (Org.). O estudo empírico das representações sociais. In: **O conhecimento no cotidiano**: as representações sociais na perspectiva da psicologia social. São Paulo: Brasiliense, 1993.

VALA, J. Representações sociais - para uma psicologia social do pensamento social. In: VALA, J.; MONTEIRO, M. B. **Psicologia social.** Lisboa: Fundação Calouste Gulbekian, p. 1-41, 1993.

WAIMBERG, G. **La homossexualidad sin prejuicios**. Barcelona: Granica, 1977.

Editoração, impressão e acabamento
GRÁFICA E EDITORA SANTUÁRIO
Rua Pe. Claro Monteiro, 342
Fone 012 3104-2000 / Fax 012 3104-2036
12570-000 Aparecida-SP